Gabriele
Büttner-La Paglia

Bunte Blumen
aus Papier

CHRISTOPHORUS
BRUNNEN-REIHE

SEIT MEHR ALS 30 JAHREN STEHT
DER NAME „CHRISTOPHORUS" FÜR
KREATIVES UND KÜNSTLERISCHES
GESTALTEN IN FREIZEIT UND BERUF.
GENAUSO WIE DIESER BAND
DER BRUNNEN-REIHE IST JEDES
CHRISTOPHORUS-BUCH MIT
VIEL SORGFALT ERARBEITET: DAMIT
SIE SPASS UND ERFOLG BEIM
GESTALTEN HABEN – UND FREUDE
AN SCHÖNEN ERGEBNISSEN.

© 1996 Christophorus-Verlag GmbH
Freiburg im Breisgau

Alle Rechte vorbehalten –
Printed in Germany

ISBN 3-419-55801-5

2. Auflage 1996

Jede gewerbliche Nutzung der Arbeiten und
Entwürfe ist nur mit Genehmigung der
Urheberin und des Verlages gestattet. Bei
Anwendung im Unterricht und in Kursen ist auf
dieses Heft der Brunnen-Reihe hinzuweisen.

Lektorat: Maria Möllenkamp, Freiburg
Umschlaggestaltung: Network!, München
Fotos: Andreas Gerhardt, Bötzingen
Reinzeichnungen: Uwe Stohrer, Norsingen
Produktion: Print Production, Umkirch
Druck: Freiburger Graphische Betriebe 1996

CHRISTOPHORUS
BÜCHER MIT IDEEN

Inhalt

Bunte Blumen aus Papier

Blumen sind für unser Wohlbehagen unentbehrlich. Blumenschmuck signalisiert Lebensfreude, denn Blumen sind Boten des Herzens. Vielleicht gerade deshalb macht Kindern die Gestaltung dieser bunten Schönheiten besonders viel Freude.

Anregungen finden wir in einem Blumengarten oder auf leuchtenden Blumenwiesen: Die Natur bietet eine nahezu unerschöpfliche Vielfalt an Pflanzen jeder Art und hält unzählige Variationen in Form und Farbe bereit, die zur Nachahmung auffordern.

Aus Papier gestaltete Blumen erfreuen uns das ganze Jahr. In diesem Buch finden Sie viele verschiedene Ideen: schöne Blumendekorationen als Schmuck für jeden Tag oder für besondere Gelegenheiten und Feste.

Material

Hilfsmittel

- ◆ große Papier-
  schere
- ◆ für Ausschnitte
  einen Cutter (ein
  Papierschneide-
  messe) oder eine
  Nagelschere
- ◆ Schneide-
  unterlage
- ◆ Lineal
- ◆ Falzbein
- ◆ Bürolocher
- ◆ Pinsel
- ◆ Nähnadel
- ◆ Nähgarn
- ◆ Bleistift
- ◆ Radiergummi
- ◆ Klebstoff
- ◆ Kraftkleber
- ◆ Wäscheklammern
  zum Fixieren von
  Klebestellen
- ◆ Büroklammern
- ◆ fester Zeichen-
  karton für
  Schablonen
- ◆ Graphitpapier
  zum Übertragen
  der Vorlagen

Fotokarton und Tonpapier

Fotokarton (300 g/qm) ist ein stabiler, durchgefärbter Karton, der für Grund-formen verwendet wird. Er verleiht Stand und Haltbarkeit. Das ebenfalls durchgefärbte Tonpapier (130 g/qm) ist weicher, biegsamer und leichter zu falten. Es bietet sich an für kleinere Motive, für Schmuckelemente und für die Ausarbeitung plastischer Formen.

Kreppapier

Es hat eine plastisch strukturierte Oberfläche und ist in der Faserlaufrich-tung dehnbar. Das Papier ist weich und gefällig und läßt sich gut raffen, wickeln und schneiden. Es kann in jede gewünschte Richtung gezupft und geformt werden. Mit einem Kreppapier-streifen lassen sich Rundhölzer dekora-tiv zum Blumenstiel verkleiden.

Wenn Kreppapier naß wird, dann färbt es!

Pappröhren und Schuhkarton-deckel

Außerdem benötigen Sie Schuhkarton-deckel und Pappröhren (in allen Größen, z. B. Käseschachteln, Toiletten-oder Küchenpapierröhren).
Als Blumenmitte haben diese Röhren-stücke eine besondere Funktion. Sie geben Stabilität und lassen sich ganz einfach in wunderschöne Blumenköpfe verwandeln.

Übertragen der Vorlagen

Die Motive, die auf dem beigefügten Vorlagenbogen in Originalgröße wiedergegeben sind, können mit Graphitpapier direkt auf die gewünschten Kartons und Papiere übertragen (gepaust) werden.

Wird ein Motiv mehrfach benötigt, empfiehlt es sich, eine Schablone aus festem Zeichenkarton anzufertigen:

❶ Das Motiv vom Vorlagenbogen auf Zeichenkarton pausen und ausschneiden.

❷ Die Schablone auf das Werkmaterial legen und die Umrisse mit Bleistift nachzeichnen. Alle Motivteile in der angegebenen Anzahl ausschneiden und einander zuordnen.

Falzen

Die Linien, die gefalzt werden sollen, sind auf den Vorlagen als gestrichelte Linien eingezeichnet. Sie müssen vor dem Falzen angeritzt werden:

❶ Zeichnen Sie die Formen mit Bleistift auf den Zeichenkarton (am besten auf die Rückseite).

❷ Diese Linien ritzen Sie dann mit dem Falzbein oder dem Cutter nach.

❸ Das Papier darf dabei weder eingerissen noch eingekerbt und nur an der Oberfläche eingeschnitten werden. Das erfordert Fingerspitzengefühl. Üben Sie vorher, damit Sie ein Gefühl für die Ritztechnik bekommen.

❹ Kommt man von der vorgezeichneten Linie etwas ab, nicht abrupt, sondern langfristig ausgleichen.

❺ Mit allen Fingern durch leichtes Biegen Stück für Stück bei gleichzeitigem Gegendruck mit dem Daumen den Falz knicken; so springt das Papier in die gewünschte Form.

Weiteres Material
- ◆ **Regenbogenpapier**
- ◆ **Schaschlikstäbe**
- ◆ **Flachhölzer**
- ◆ **Schleifenband**
- ◆ **Goldkordel**
- ◆ **Ziehband**
- ◆ **Pompons und kleine Wattekugeln**
- ◆ **Styroporkugeln**
- ◆ **halbe Holzkugeln**

Blumen-Phantasien

Material

- **Fotokarton in Rot, Hellblau, Gelb, Lila und Hellgrün**
- **Kreppapier in Hellgrün (1 cm breite Streifen von einer Lage) und in Dunkelgrün (Quadrate, 5 x 5 cm groß)**
- **Regenbogenpapier**
- **halbe Styroporkugel (3 cm ∅)**
- **3 Schaschlikstäbe**
- **lila Schleifenband**

① Aus Fotokarton ausschneiden: In Rot, Hellblau, Lila die Blumenköpfe A1 2x je Farbe, in Gelb den Kreis A2 1x, die Blütenblätter A4 7x und das Blatt A6 1x, in Lila den Kreis A3 1x und in Hellgrün die Blätter A5 4x.

② Den Kreis A2 auf die Blumenköpfe legen und mit dem Falzbein auf der Außenlinie entlangfahren.

③ Den Kreis A3 auflegen und mit dem Bleistift nachzeichnen. Mit dem Cutter die Kreisaußenkante ritzen. Die geritzte Linie in Form drücken (vgl. Seite 5). Die gekennzeichnete Linie einschneiden und die Schnittkanten überlappend zusammenkleben.

④ Die Blumen umdrehen und die Blütenblätter waagerecht nach außen knicken.

⑤ Pro Blüte zwei Blumenköpfe versetzt aufeinanderlegen, so daß die Wölbung nach außen zeigt.

⑥ Auf der Innenseite die hochstehenden Falze mit Klebstoff bestreichen. Bei der gelben und lilafarbenen Blume die

Kreise mit einkleben. Bei der roten Blume die Hohlkörper deckungsgleich ineinanderkleben. Die Blütenblätter dabei versetzen.

7 Die gelben Blütenblätter A4, die halben Styroporkugeln und die geknüllten Kreppapierkügelchen (aus den dunkelgrünen Quadraten) auf beiden Seiten der Blume aufkleben.

8 Mit den gestanzten Regenbogenpapierkreisen die Mitte der lila Blume schmücken.

9 Die Schaschlikstäbe mit den hellgrünen Kreppapierstreifen umwickeln und diese Blumenstiele in den hinteren Kegel hineinkleben.

10 Die Stiele mit Schleife und Blättern A5 und A6 verzieren. Dabei für die rote Blume die Blätter A5 in der Mitte falten, zwei Hälften jeweils zusammenkleben und hochklappen.

Topfblume

Vorlagen B1 – B6

Material
- Fotokarton in Grün und Lila
- Tonpapier in Gelb, Olivgrün, Pink, Hellblau und Dunkelgrün
- Nähgarn

❶ Aus Fotokarton ausschneiden: In Lila die Topfteile B1, B2 je 1x, in Grün den Stengelstreifen (10 cm breit, 30 cm lang) und die Grasschiene (6 cm breit, 15 cm lang).

❷ Aus Tonpapier ausschneiden: In Gelb 11 Streifen (2 cm breit, 24 cm lang), in Olivgrün die Blätter B3 2x, in Pink die Punkte B4 20x, in Hellblau die Blütenspitzen B5 10x und in Dunkelgrün die Grassoden B6 4x.

❸ Die gelben Streifen deckungsgleich mit den Enden aufeinanderkleben, dann unten mit Klebstoff einstreichen und zur Blüte zusammenkleben. Mit einer großen Heftklammer zum Trocknen fixieren.

❹ In den grünen Stengelstreifen 5 x 2 cm breite Streifen einmalen, Linien falzen (vgl. Seite 5), zum Hohlkörper falten und zusammenkleben. Dabei dient der 5. Streifen als Klebestreifen.

❺ Den Blütenkopf in die Stengelspitze kleben.

❻ Die Topffalzlinien B1 falzen und das Rückseitenteil B2 auf den äußeren Falzstreifen kleben.

❼ Den Topf mit den Punkten B4 von beiden Seiten verzieren.

❽ Die Blätter B3 an den Stengel kleben.

❾ In die Grasschiene 3 Streifen von 2 cm Breite einmalen und falzen.

❿ Die Außenkanten nach oben knicken und den Topf hineinkleben, dabei die Grassoden B6 von beiden Seiten mit einkleben.

⓫ Die hellblauen Blumenspitzen B5 zwischen die gelben Bögen kleben.

⓬ Den Topf mit einem Faden Nähgarn an die Wand hängen.

**Vorlagen
C 1 – C 6**

Material
◆ Fotokarton in
   Grün, Pink,
   Weiß, Gelb
◆ Kreppapier in
   Weiß und Gelb
◆ Röhre von
   8 cm ∅

TIP
Die Blume eingip-
sen oder in einen
Topf mit Erde oder
Sand stellen.

Blume für den Geburtstagstisch

❶ Aus Fotokarton ausschneiden: In Weiß das Blütenblatt C1 12x und die Blütenmitte C3 1x, in Pink das Blütenblatt C2 12x und die Blütenmitte C4 1x, in Gelb die Blütenblätter C5 8x und in Grün den Stengelstreifen (7,5 cm breit, 30 cm lang) und die Blätter C6 2x.

❷ Die Röhre mit einem gelben Krepppapierstreifen (1 cm breit von einer Lage) umwickeln.

❸ Die Röhre 2x auf den grünen Fotokarton legen und mit dem Bleistift herumfahren. Dann diese Kreise ausschneiden und damit die Röhrenöffnungen schließen.

❹ Die Falzlinien der Schablone C1 + C2 falzen und waagerecht nach hinten knicken (vgl. Seite 5).

❺ Auf die obenliegende Falzkante Klebstoff streichen und die ersten 6 weißen Blütenblätter auf die hintere Röhrenkante und die 6 übrigen Blütenblätter in die Zwischenräume davor kleben.

❻ Die pinkfarbenen Blütenblätter in der gleichen Weise vor die weißen kleben, so daß sie 0,5 cm vor dem vorderen Röhrenrand enden.

❼ Weiße Kreppapierkugeln (aus 4 x 4 cm großen Quadraten) um den freistehenden Röhrenrand kleben.

❽ Die gelben Blütenblätter über die Scherenkante ziehen, so daß sie gebogen werden.

❾ Den pinkfarbenen Kreis auf den weißen, dann beide als Blütenmitte aufkleben; dabei die gelben Blütenblätter darunterschieben und mit einkleben.

❿ Den grünen Fotokartonstreifen (Stengel) in 5 x 1,5 cm breite Streifen einteilen, eingezeichnete Linien falzen und zum Hohlkörper zusammenkleben.

⓫ Den Stengel an den oberen Kanten mit Klebstoff einstreichen, unter die Blätter an die Röhrenwand schieben und an die Blütenblätter kleben. Die grünen Blätter an den Stengel kleben.

Blumen für den Frühstückstisch

Material
◆ Fotokarton in
  Grün und Gelb
◆ Tonpapier in
  Gelb und Rot
◆ 2 kleine Watte-
  kugeln von
  1,5 cm ⌀

1 Aus Tonpapier ausschneiden:
In Gelb das Blütenblatt D1 30x, das
Blatt D2 (als Namensschild) 1x und den
Kreis D3 2x, in Rot den Kreis D4 2x, in
Grün den Stengelstreifen (6 cm breit,
30 cm lang), den Stengel mit Serviette
(2 cm breit, 40 cm lang), den Serviettenstreifen 1,5 cm breit, 12 cm
lang) und die Blätter D5 2x.

2 Die Wattekugel in die Mitte des
roten Kreises und diesen in die Mitte
des gelben kleben.

3 Die Falzlinien von Blatt D1 falzen
(vgl. Seite 5) und die zwei ineinander-
liegenden Falzstreifen senkrecht-
stehend nach oben knicken. Klebstoff
zwischen die Streifenenden kleben und
beide Falzstreifen zusammendrücken.
Die Spitze des Blütenblattes öffnet sich
dann.

4 Die außenliegenden Falzstreifen
von der Rückseite mit Klebstoff bestreichen und die Blütenblätter um die
Wattekugel kleben, so daß sie überein-
ander liegen.

5 In den Stengel 5 x 1 cm breite
Streifen einmalen, die Linien falzen und
zum Hohlkörper zusammenkleben.

6 Den Stengel in die Mitte des hinten-
liegenden Kreises kleben.

7 Die Blätter und das Namensschild
anbringen.

8 Den Serviettenstreifen zum Ring
falten und zusammenkleben. Die Stoff-
serviette durch den Ring schieben, den
Ring in Form drücken und an den
Stengel kleben. Den Stengel unter den
Blütenkopf kleben.

Seerosen-Girlanden

❶ Aus Fotokarton ausschneiden:
Für die Tellerseerose die Blütenform E1
1x in Grün, E2 1x in Rosa, E3 1x in Rosa
und 1x in Weiß, für das Namensschild
die Blütenform E3 1x in Rosa und den
Kreis E6 1x in Olivgrün, für eine Girlan-
denblüte die Blütenform E2 1x in Grün,
E3 2x in Lila und 2x in Rosa.

❷ Die Blütenformen je nach Farbzu-
sammenstellung sortieren.

❸ Die Kreise E4, E5 und E6 aus Pappe
ausschneiden und auf die Blütenform
legen. Den Kreis mit dem Bleistift
einzeichnen, dann diese Linie mit dem
Falzbein nachziehen (vgl. Seite 5).

❹ Die Blütenspitzen leicht nach oben
knicken und die Blütenblätter versetzt
aufeinanderkleben.

⑤ Für die Girlande die gewünschte Blütenzahl herstellen, die Blüten mit Nähgarn verbinden und sie zur Dekoration auf den Tisch legen oder im Raum aufhängen.

⑥ Für das Namensschild den Schaschlikstab mit lila Kreppapier umwickeln, diesen Stiel in die halbe Holzkugel stecken und die Blüte oben ankleben.

Vorlagen E 1 – E 6

Material
◆ **Fotokarton in Hell- und Olivgrün, Rosa, Weiß, Lila**
◆ **Kreppapier in Lila**
◆ **Schaschlikstab**
◆ **halbe Holzkugel (3 cm ⌀)**
◆ **Nähgarn**

15

Geschenkverpackung "Rose"

Material

◆ **Fotokarton in**
   Olivgrün und Rot
◆ **Kreppapier in**
   Grün
◆ **Goldband**
◆ **Papröhre**
   (8 cm ⌀ und
   3 cm hoch)

❶ Aus Fotokarton ausschneiden: In Olivgrün das Blatt E1 unten, in Rot die Blütenblätter F1 5 x, F2 6x und F3 6x.

❷ Beim Blütenblatt F1 die Linien falzen (vgl. Seite 5), die gekennzeichneten Linien einschneiden und die eingeschnittenen Quadrate übereinanderschieben und festkleben.

❸ Die Spitze nach außen knicken.

❹ Beim Blütenblatt F2 die Mittellinie falzen.

❺ In die Blütenblattspitze F3 eine Öffnung lochen: Mit dem Bleistift einen Kreis in die Blütenspitze einzeichnen. Vom Locher die Rückwand abnehmen und ihn so ansetzen, daß die Locheröffnung genau auf dem eingemalten Kreis liegt.

❻ Die Papröhre mit einem grünem Kreppapierstreifen umwickeln.

❼ Die Röhre in die Mitte des grünen Blattes kleben.

❽ Die Blütenblätter F1 um den Außenrand der Röhre anordnen und dann festkleben.

❾ Die Blütenblätter F2 zwischen Röhrenwand und stehende Tulpenblätter kleben und die Blätter F3 vor die zweite Tulpenblätterreihe an die außenliegende Röhrenwand kleben.

❿ Die Goldkordel durch die Öffnungen fädeln. Die Kordel zusammenziehen und mit einer Schleife die Blütenmitte schließen.

Blumen für das Gartenfest

❶ Die Rundhölzer mit einem 1 cm breiten Kreppapierstreifen umwickeln und in die Mitte der Korken kleben.

❷ Aus Fotokarton ausschneiden: In Dunkelblau den Kreis G1 2x, in Orange den Kreis G1 1x, die Blütenblätter G4 24x, in Gelb den Kreis G1 2x, in Hellblau die Blütenblätter G2 16x und in Weiß die Blütenblätter G3 18x. Aus Tonpapier ausschneiden: In Gelb die Blütenblätter G5 6x und den Kreis G7 1x und in Braun den Kreis G6 1x.

Orangefarbene Blüte

❶ Die Falzlinien von 12 orangen Blättern G4 falzen (vgl. Seite 5), eine der Seiten nach oben knicken.

❷ Die untenliegende Seite auf der Rückseite mit Klebstoff einstreichen und auf die Hälfte einer nicht-gefalzten Blattform kleben, das andere Blatt mit Falzkante auf die andere Seite des untenliegenden Blattes kleben, dabei die oben liegenden Blätterhälften leicht auseinanderdrücken.

❸ Moosgummischeibe und Kreise G6 und G7 zur Blütenmitte aufeinanderkleben und in die Mitte des orangen Kreises kleben.

❹ Um die Blütenmitte die 6 geklebten Blütenblätter anordnen, die restlichen Blütenblätter an die Rückseite des Kreises kleben, so daß die Blütenblätter in den Zwischenräumen liegen.

❺ Die gelben Blütenblätter G5 in die Zwischenräume kleben.

Weiße und blaue Blume

❶ Jeweils die Hälfte der Blütenblätter (G2 bzw. G3) auf die Kreise anordnen, so daß die Klebefläche mit dem Kreisrand abschließt.

❷ Die zweite Blätterreihe auf die untenliegende legen (Blütenspitzen liegen dabei in den Zwischenräumen) und wenn die Anordnung gefällt, die Blütenblätter aufkleben.

❸ Den zweiten gelben und blauen Kreis über die Blütenblätter kleben. Die Korken mit dem Rundholz in die Mitte an die Rückseite der Blumen kleben.

19

Tulpenkasten

Vorlagen
H 1 – H 4

Material

◆ Fotokarton
   in Oliv- und
   Dunkelgrün, Lila,
   Gelb, Hellblau
   und Rot
◆ Kreppapier in
   Grün
◆ 4 Flachholzstäbe
   (12, 14, 16,
   18 cm lang)

❶ Aus Fotokarton ausschneiden:
In Hellblau, Rot, Gelb, Lila die Blüten-
spitze H1 5x je Farbe, in
Dunkelgrün die Blätter
H2 8x und die Grassoden
H4 2x, in Olivgrün die
Grassoden H3 2x, den
Streifen (20 cm breit, 40 cm
lang) für den Kasten und für
die Kasten-Seitenteile 2 Strei-
fen (4cm breit, 12 cm lang).

❷ Die Flachhölzer mit einem
grünen Kreppapierstreifen
umwickeln.

❸ Die Falzlinie der Blütenspitzen
falzen (vgl. Seite 5), das Mittelblatt
leicht, die Seitenblätter stark knicken.

❹ Zwei der Blütenblät-
ter ineinander-
schieben und die
unteren Enden
(daumendick)
zusammenkle-
ben. Die innen-
liegende Spitze
dabei oben
auseinander-

schieben. Die zweite Blütenhälfte ebenso herstellen.

5 Das Flachholz zwischen die zwei Blumenhälften schieben, das Mittelblatt ebenfalls auf das Flachholz und den Blütenkopf an den unteren Enden an das Flachholz kleben.

6 Die Blätter anbringen.

7 Für den Kasten den olivgrünen Streifen in 5 x 4 cm breite Streifen falzen und knicken. Den 12 cm langen Seitenstreifen in drei gleiche Abschnitte (jeweils 4 x 4 cm) falzen, knicken und in die Seiten kleben.

8 Die Grassoden H3 und die Tulpen an der Innenrückwand im oberen Drittel des Kastens anbringen, bei den Grassoden G4 die Linien falzen, an die Seitenwände kleben.

9 Falls der Kasten in der Mitte auseinandergeht, ihn dort mit einem Streifen aus olivgrünem Fotokarton stabilisieren.

10 Den Kasten mit Heu, Steinen oder Kreppapierstreifen füllen.

Blumenbeet "Sommertraum"

Material

◆ **Fotokarton in 4**
 verschiedenen
 Grüntönen,
 Orange, Lila,
 Hell-Lila
◆ **Tonpapier in Gelb,**
 Hellblau, Rosa
 und Dunkelrot
◆ **Papptröhre**
 (7,5 cm ⌀ und
 2 cm Höhe)
◆ **Schuhkarton-**
 deckel (weiß)
◆ **9 kleine Pompons**

Stengel

Für jede Blume den grünen Fotokarton-streifen – die Größe ist jeweils bei den einzelnen Blumen angegeben – in 5 x 1 cm breite Streifen einteilen, einge-zeichnete Linien falzen (vgl. Seite 5) und zum Hohlkörper zusammenkleben. Dabei dient der 5. Streifen als Klebe-fläche. Den Stengel unten an jeder Ecke einschneiden, die Seiten nach außen klappen. Oben an zwei gegenüberlie-genden Seiten einschneiden, hier werden die Blüten aufgesteckt.

Blume in Orange

❶ Aus Fotokarton ausschneiden: In Orange den Blütenkopf i1 7x, in Oliv-grün das Blatt i2 2x und in Grün den Stengelstreifen (5 cm breit, 16 cm lang).

❷ Die Blütenköpfe versetzt und über-lappend an den Stengel kleben.

❸ Jede Blütenmitte mit einem Pompon schmücken und die Blätter an den Stengel kleben.

Blume in Lila

❶ Aus Fotokarton ausschneiden: In Lila das Blütenblatt i3 6x und i4 1x, in Grün dasBlatt i5 6x und den Stengel-streifen (5 cm breit, 23 cm lang).

❷ Die Mittellinie des Blütenblattes i3 falzen und das Blatt knicken, drei Blütenblätter ineinanderschieben und die Spitzen nach außen ziehen, dabei liegt die Knickkante außen.

❸ Die innenliegenden unteren Spitzen zusammenkleben.

❹ Die andere Blütenblätterseite herstellen, beide Teile ineinanderstecken und festkleben.

❺ Das Blütenblatt i4 in die Mitte der Blüte kleben.

❻ Die Mittellinien der grünen Blätter falzen, je zwei Blätter plastisch zusammensetzen und an den Stengel kleben.

Blume in Rosa

❶ Aus Fotokarton ausschneiden: In Dunkelgrün das Blatt i6 4x, in Grün den Stengelstreifen (5 cm breit, 10 cm lang).

❷ Das Blütenblatt i7 12x nebeneinander auf rosa Tonpapier legen, ummalen und ausschneiden. Den Streifen aufrollen, so daß die Spitzen oben liegen.

❸ Die innenliegende Spitze aus der Mitte herausziehen. Die untere Blütenöffnung soll 1 cm Durchmesser betragen.

❹ Den Stengel in die untere Öffnung schieben und die Blätter festkleben.

Blume in Gelb

❶ Aus Tonpapier ausschneiden: In Gelb das Blütenblatt i8 12x. Aus Fotokarton ausschneiden: In Dunkelgrün das Blatt i9 2x und in Grün den Stengelstreifen (5 cm breit, 18 cm lang).

❷ Die Falzlinien der Blütenblätter falzen, zwei Blütenblätter deckungsgleich aufeinanderlegen und an der Spitze und am unteren Ende zusammenkleben. Noch weitere fünf Blütenblätter anfertigen.

❸ Die fertigen Blütenblätter leicht öffnen, Spitze und Ende des Blattes aneinanderschieben.

❹ Die Blütenblätter zur Blüte zusammensetzen und an den Enden zusammenkleben, den Stengel und die Blätter anbringen.

Blume in Hellblau

❶ Aus Tonpapier ausschneiden:
In Hellblau einen Streifen (14 cm lang,
4 cm breit), in Gelb einen Streifen (25
cm lang, 2 cm breit) und in Grün das
Blatt i10 3x.
Aus Fotokarton ausschneiden:
In Grün den Stengelstreifen (5 cm breit,
12 cm lang).

❷ Den hellblauen und gelben Streifen
bis auf 0,5 cm in 2 mm breite Streifen
einschneiden und über die Kante einer
Schere ziehen (damit sie sich wellen),
die Streifen aufrollen.

❸ Den hellblauen Streifen außen
überlappend an die obere Stengelöffnung kleben.

❹ Den gelben Streifen aufrollen und in
die Stengelöffnung, den Pompon in die
gelbe Blumenmitte kleben.

❺ Die Blätter ebenfalls ankleben.

Blume in Hell-Lila

❶ Aus Tonpapier ausschneiden:
In Hell-Lila die Blumenköpfe i11 und
i12 je 1x und in Grün einen Streifen in
Größe des Röhrenrandes.

Aus Fotokarton ausschneiden:
In Olivgrün das Blatt i13 4x und in
Grün den Stengelstreifen (5 cm breit,
20 cm lang).

❷ Den Kreis auf die Blütenmitte kleben, die Kreismitte mit Locherpunkten
verzieren.

❸ Den äußeren Röhrenrand mit
einem grünen Tonpapierstreifen
verkleiden.

❹ Die viereckige Öffnung
(1 x 1 cm) in den Röhrenrand
schneiden und den Stengel
hineinkleben.

❺ Den Blumenkopf auf die
vordere, den Kreis auf die hintere Röhrenöffnung anbringen.

❻ Die Falzlinien der Blätter falzen, je
zwei Blätter aneinanderkleben, die
Blätter an den Stengel kleben.

Für den Schuhkartondeckel einen
grünen Tonpapierstreifen in der Breite
des Deckelrandes zuschneiden und den
Rand damit bekleben. Die Blumen
einkleben, dazu den Stengel unten an
den Ecken 2 cm einschneiden, die
Papierstückchen nach außen kleben.
Das Beet mit Sand oder grünen Krepppapierstreifen (1,5 cm breit) füllen.

Blumen und Girlanden aus Kreppapier

Material
- **Laternenstöcke**
- **Schaschlikstäbe**
- **Kreppapier in allen Farben (50 x 250 cm, nicht auf der Rolle)**
- **Ziehband**
- **Schleifenband**

Aus Kreppapier lassen sich sehr schöne Blumen anfertigen, die vielfältig verwendbar sind, beispielsweise als bunter Strauß, als Girlande, auf einer Tischkarte, als Haarkränzchen usw.

❶ Das Kreppapier von einer Lage (für kleine Blumenköpfe 4 cm breit, für die größeren 6 bzw. 7 cm) zu einer Ziehharmonika falten und die Form des Blütenblattes (rund, spitz, Fransen) hineinschneiden; dabei die Knickkanten 2 cm breit stehenlassen, damit die Blätter nicht auseinanderfallen. Den Papierstreifen zur Blüte aufrollen.

❷ Eine zweite Blütenform ergibt sich, wenn Sie das Kreppapier von einer Lage in der Länge falten und die Blüte so wickeln, daß die Knickkante oben liegt. Die Blüte mit Ziehbandstreifen zusammenbinden.

26

❸ Die Laternen oder Schaschlikstäbe mit einem grünem Kreppapierstreifen umwickeln, den Stock vorsichtig in die Blüte schieben und einkleben.

❹ Mit einem grünen Kreppapierstreifen (bei kleinen Blüten ca. 1,5 cm, bei großen Blüten ca. 3 cm breit) von einer Lage Kreppapier wird der Blütenstrunk spiralenförmig umwickelt, zwischen die einzelnen Lagen tragen Sie etwas Klebstoff auf.

❺ Die Kreppapierstreifen um den Stock wickeln, dabei unter dem Strunk mehrere Kreppapierlagen übereinanderlegen, damit der Übergang zum Stock weicher wird. Sie können auch zweifarbige Blütenköpfe herstellen: Dabei wird ein kleinerer Blütenkopf in die Blüte hineingeklebt, oder die Blüte wird zweifarbig gewickelt. Die Breite des Kreppapierstreifens ist in der Blütenmitte schmaler.

Blume in Herbsttönen

Vorlagen
J1–J4

Material
◆ Tonpapier in Gelb, Orange, Braun, Grün
◆ Röhre (6 cm ⌀, 3,5 cm breit)

❶ Aus Tonpapier ausschneiden: In Gelb 5 Streifen (3,5 cm breit, 30 cm lang), in Orange 5 Streifen (3,5 cm breit, 25 cm lang) und den Kreis J3 1x, in Braun 5 Streifen (3,5 cm breit, 15 cm lang), den Kreis J4 2x und einen Streifen in der Größe des Röhrenumfanges und in Grün die Blütenblätter J1 5x, die Stengelblätter J2 2x und den Stengelstreifen (3,5 cm breit, 50 cm lang).

❷ Die Röhre von außen mit braunem Tonpapierstreifen verkleiden und mit dem braunen Kreis hinten schließen.

❸ Die Streifen (in Gelb, Orange und Braun) zum Kreis legen und die Enden deckungsgleich aufeinanderkleben.

❹ Die drei Kreise zunächst ineinander, dann an der Außenkante der Röhre anbringen, dabei den Stengel mit einkleben.

❺ Den orangefarbenen Kreis in die Mitte des braunen Kreises kleben, mit den Kreisen die Öffnungen der Röhre schließen, dabei die grünen Blütenblätter mit einkleben.

❻ Die Bätter leicht über die Scherenkante ziehen und an den Stengel kleben.

❼ Mit gestanzten gelben Locherkreisen die Blumenmitte verzieren.

Weihnachtssterne

Tischblüten

1 Die Blütenform K3 2x aus rotem Fotokarton ausschneiden.

2 Die Blüten in der Mitte zusammenkleben, die oberen Blütenblätter hochbiegen.

3 Die Blumenmitte mit Locherpunkten aus gelbem Tonpapier verzieren.

4 Die Steckblüte besteht aus zwei Tischblüten, die von zwei Seiten an den mit rotem Kreppapier bezogenen Schaschlikstab geklebt werden.

Mobile

1 Die Blütenformen K1, K2 und K3 jeweils 2x aus rotem Tonpapier ausschneiden.

2 Zwischen die zwei gleich großen Blütenformen einen roten Transparentpapierkreis kleben und die zwei Blüten deckungsgleich aufeinanderkleben.

3 Mit gelben gestanzten Locherpunkten die Blumenmitte verzieren.

4 Rotes Schleifenband zum Aufhängen in die große Blütenspitze mit einkleben.

Vorlagen
K 1 – K 3

Material
- **Fotokarton in Rot**
- **Tonpapier in Gelb**
- **Transparentpapier in Rot**
- **Kreppapier in Rot**
- **rotes Schleifenband**
- **rotes Nähgarn**
- **Schaschlikstab**

Neben dieser Auswahl aus der Brunnen-Reihe haben wir noch viele andere Bücher im Programm. Wir informieren Sie gerne - fordern Sie einfach unsere neuen Prospekte an:

- **Bücher für Ihre Kinder:** Basteln, Spielen und Lernen mit Kindern
- **Bücher für Ihre Hobbys:** Stoff und Seidenmalerei, Malen und Zeichnen, Keramik, Floristik
- **Bücher zum textilen Handarbeiten:** Sticken, Häkeln und Patchwork

Wir sind für Sie da, wenn Sie Fragen zu AutorInnen, Anleitungen oder Materialien haben.
Und wir interessieren uns für Ihre eigenen Ideen und Anregungen. Faxen, schreiben Sie oder rufen Sie uns an.
Wir hören gerne von Ihnen! Ihr Christophorus-Verlag

CHRISTOPHORUS
Bücher mit Ideen

Hermann-Herder-Str. 4 / 79104 Freiburg i. Breisgau   Tel: 0761/2717-268 oder Fax: 0761/2717-39